Für MLuiZ

Thom Renzie

Unter dem Strich auf den Punkt

Noch mehr Aphorismen und Fragmente

BoD – Books on Demand, Norderstedt

Bibliografische Information der Deutschen Nationalbibliothek:
Die Deutsche Nationalbibliothek verzeichnet diese Publikation
in der Deutschen Nationalbibliografie; detaillierte
bibliografische Daten sind im Internet über dnb.dnb.de
abrufbar.

© 2016 Thom Renzie
Herstellung und Verlag:
BoD – Books on Demand, Norderstedt

ISBN: 9783743139367

Was einem nicht so alles in den Sinn kommt, wenn man die Welt offenen Auges durchschreitet oder geschlossenen Auges auf sich wirken lässt. Die folgenden Gedanken verstehen sich als Prolog zum Weiterdenken.

Stell dir vor, es ist **1984** und keiner merkt es.

In abgrundtiefer Verachtung spiegeln sich oft nur die **Abgründe** der eigenen Seele wider.

Die Reiselust der meisten Menschen endet spätestens vor den **Abgründen** der eigenen Seelenlandschaft.

Mit zunehmendem **Abstand** nähert man sich der Lösung eines Problems. Distanz schärft, Nähe verzerrt die Urteilskraft.

Allerweltsnarren werden, wenn sie ein gewisses Maß an Berühmtheit erlangt haben, zu Vorbildern, denen viele bereitwillig folgen.

Wer ständig damit beschäftigt ist, sein natürliches **Alter** zu kaschieren, wird zunehmend zur Karikatur seiner selbst.

Statt jung und verbraucht **alternativ** noch im Alter nativ: Oldtimer in bestem Erhaltungszustand.

Man mag die postulierte **Alternativlosigkeit** heutiger Politik vielleicht als Phantasielosigkeit verstehen, in Wirklichkeit aber folgt sie den Phantasien und dem Diktat des Geldes.

Medienwirksamer **Altruismus** ist, wenn die wirklich großen Kapitaleigner, medial begleitet, ihr Vermögen steuerneutral stiften und zum eigenen Wohlergehen sichern.

Altruismus ist werbewirksam und salonfähig drapierter Egoismus.

Wer **Andersdenkende** und potentielle Kritiker allein mit Schlagworten und Verunglimpfungen bedenkt, liefert den schlagenden Beweis für seine bedenklich überschaubare geistige Potenz.

Wer sich aus **Angst** vor Verlust permanent um Garantien und Rückversicherungen bemüht, kann versichert sein, dass er die Angst garantiert behält und alles andere über kurz oder lang verliert.

Macht macht **Angst**, wenn Angst Macht verleiht.

Wenn **Angst** das Karussell besteigt, verschwimmt der gedankliche Fluchtpunkt.

Die Erzeugung von **Angst** ist ein probates Mittel, Menschen zu steuern und den gesunden Menschenverstand auszuhebeln.

Anstand und Diskretion lassen sich scheinbar nur schwer digitalisieren, wie ein Blick in virtuelle soziale Netzwerke offenbart.

Ein guter **Aphorismus** lässt das sprachliche Prokrustesbett, in das der Geist gezwungen wird, zur Maßanfertigung werden.

Ein guter **Aphorismus** überrascht mit ungebetenen Antworten, die Fragen aufwerfen.

Aphorismen - im besten Fall eindeutig mehrdeutig.

Kurz gesagt, klingt ein guter **Aphorismus** lange nach.

Aphorismen werfen Schlaglichter auf längst Gesagtes.

Ein guter **Aphorismus** bellt nicht, sondern beißt.

Ein guter **Aphorismus** ziert sich nicht, auch mal zu provozieren.

Aphorismen: Endprodukte gesunder geistiger Digestion.

Ein unheiliges Mittel: Der profane Charakter der **Arbeit** sperrt sich doch erheblich gegen die Heiligsprechung durch den Zweck, dem sie dient.

Wer allem und jedem mit **Argwohn** und Misstrauen begegnet, schränkt sich in seinem Handeln arg ein und muss im Leben so manche positive Erfahrung missen.

Argwohn sucht sich seine Beweise.

Arroganz ist mangelndes Selbstwertgefühl auf links gedreht.

Arroganz: manchmal einfach nur Dummheit in hohen Schuhen.

Zunehmender technischer Fortschritt geht einher mit fortschreitender Entmündigung und der Rückabwicklung der von Kant postulierten **Aufklärung**.

Wer den **Augenblick** für sich hat, wer sich des Moments vollkommen bewusst ist, der hat das Leben ganz.

Angesichts der Wucht des **Augenblicks** bleiben Milliarden Jahre doch nur ein gedankliches Konstrukt.

Die Unerbittlichkeit der Zeit kapituliert vor dem bewusst gelebten **Augenblick** ... für einen Moment.

Was wäre die **äußere** Welt, wenn die Menschen dem inneren Menschen nur halb soviel Aufmerksamkeit schenken würden wie dem äußeren?

Was nutzt es, wenn es **äußerlich** gut läuft, man aber mit sich selbst nicht im Reinen ist?

Wer **Bargeld** dämonisiert und kriminalisiert, sollte wohl wissen, dass die systemgefährdenden Finanzverbrechen bar aller haptischen Geldmittel begangen werden.

Mit **Bedenkzeiten** geht das Leben in kritischen Situationen äußerst sparsam um.

Wer die Welt allein über die Anwendung der Naturgesetze verstehen will, erfährt durch jedes Wunder die **Beschränktheit** seines Verstandes.

Den Schlüssel für die Lösung schwieriger Aufgaben erhalten wir oft erst durch die Aufgabe kognitiver **Beschränkungen**.

Konsequent und glaubhaft wirkt, wer mit eisernem **Besen** kehrt und den Bereich vor der eigenen Tür nicht vergisst.

Man kann sich eine Menge Kummer und Ärger ersparen, wenn man im Moment aufkommenden Zorns erst einmal durchatmet und Platz für **Besonnenheit** schafft.

In einer Welt der Drahtzieher und Oligopole bestimmt unlimitierte **Bestechung** das Unwesen der Demokratie.

Erfahrung macht Wahrnehmung **bestechlich**.

Wer **Bewährtes** in den Wind schlägt, muss sich nicht wundern, wenn er in einen Sturm gerät.

Eine richtige **Beziehungskiste** hat auch Ecken und Kanten.

Ein **Bild** verbiegt die Wahrheit manchmal mehr als tausend Worte.

Der zweite **Blick** offenbart nur allzu oft, dass man auf den ersten Blick übersehen hat, dass einmal mehr Potemkin am Werk war.

Bilder machen Nachrichten und wecken Gefühle, nach denen sich Meinungen richten.

Bildlich gesprochen: mit minimalem verbalen Aufwand zur maximalen Aussage.

Bildung ist das, was am Ende stehen könnte, hätte man das ehedem kerngesunde deutsche Bildungssystem nicht mit Reformeifer und Nachhaltigkeit über Jahrzehnte hinweg bis zum Siechtum zwangskuriert.

Bildungssystem heißt heute, dass von der administrativen Seite, um es mit einem Bild zu sagen, viel Dung an Vorgaben über dem System ausgeschüttet wird.

Bildungspolitik: Wer vorgibt das Qualitätsniveau zu verbessern und Standards nivelliert, lügt entweder vorsätzlich oder ist mit Dummheit geschlagen.

Darf man sich noch wundern, dass dem heutigen **Bildungssystem** die Fundamente wegbrechen, wenn es doch in großen Teilen auf bodenlosem Unsinn gründet.

Was im Leben nicht passte, in der **Biografie** fügt es sich.

Das Rauschen der **Blätter** - eine traurige Erinnerung im Winter und die Hoffnung auf einen baldigen Frühling, wenn es so kommt, wie es immer schon war.

Verschiedene **Blickwinkel** ersetzen kein Panorama.

Im Zuge einer langen Entwicklungsgeschichte bis zur Perfektion verfeinert: die menschliche **Bösartigkeit**.

Wir sehen die gegenwärtige Welt nie unmittelbar, sondern immer durch die **Brille**, die uns die Erfahrung der Vergangenheit aufgesetzt hat.

Wer mit **Charme** bezahlt, verschafft sich Kredit für die Zukunft.

Seitdem **Computeralgorithmen** den gesunden Menschenverstand zunehmend verdrängen, gerät die Welt mehr und mehr aus dem Rhythmus.

Die digitale Revolution korrespondiert der analogen **Degeneration** des Geistes.

Delegieren im Leben endet spätestens da, wo Gefühle oder das eigene Ableben ins Spiel kommen.

Demokratie ist eine Volksherrschaft, bei der das Volk von gewissen Herrschaften, den mehr oder auch weniger gewählten Volksvertretern, mitunter mächtig getreten wird, ob es folgsam ist oder nicht.

Demokratie ist, wenn sich das Diktat der Gestalter unter dem Deckmantel der Volksherrschaft verbirgt, sprich der medial gesteuerten Zustimmung und Mitwirkung der Bürger, also der Menschen, die für die Verfehlungen ihrer Volksvertreter bürgen.

In den Widrigkeiten des Lebens liegen **Denkanstöße**, die uns den Weg aus der bequemen Unmündigkeit in eine selbstbestimmte Zukunft weisen.

Denken lassen, denken sich schenken? Denkste!

Wer in seinem **Denken** kategorisch nur das Wahrscheinliche gelten lässt, ist unwahrscheinlich beschränkt.

Welche Macht dem **Denken** zukommt – alle Ideen und Veränderungen entstehen im Kopf - verschweigt man uns wohlweislich und so konsumiert der Durchschnittsbürger den Mediensalat zumeist unreflektiert und macht sich keine oder die falschen Gedanken.

Erst denken, dann handeln. Das erspart so manchen **Denkzettel**.

Wer **Denkverbote** verordnet, signalisiert Furcht und einen erschreckenden Mangel an Argumenten.

In Zeiten politisch korrekter **Denkverkrümmung** hat jeder Mensch das Recht, keine Meinung zu haben und dies auch frei zu äußern, sofern er sich an die allgemeinen Gepflogenheiten hält.

Desillusionierung: Weg ist das Ziel.

Ein ausgemachter Holzkopf weicht, auch wenn's ans Eingemachte geht, keinen **Deut** von seinem Holzweg ab.

Wenn sich Verstand nicht bewusst formiert, wird er im **digitalen Desinformationszeitalter** systematisch deformiert.

Die **digitale Revolution** korrespondiert der analogen Degeneration des Geistes.

Jedes **Ding** hat zwei Seiten. Das sieht nicht jeder, der ein Ding dreht.

Lieber sauber mit Stil als **Dreck** am Stecken.

Der letzte **Dreck** - dann kommt wenigstens nichts nach.

Dumm ist nicht, wer im Zweifelsfall andere um Rat fragt, sondern derjenige, der nicht daran zweifelt, dass er anderen in jedem Fall ungefragt Ratschläge geben muss.

Dumm ist nicht, wer nicht alles sagt, was er weiß, dumm ist, wer nicht weiß, was er alles sagt.

Sicherlich gibt es dumme Fragen, aber wer niemals fragt, ist ohne Frage **dumm**.

Was menschliche **Dummheit** angeht, hat sich die Natur immer schon mehr als generös gezeigt.

Gefährlich wird **Dummheit**, wenn sie in staatsmännischer Pose daherkommt.

Eingedenk der Annahme, dass stille Wasser tief gründen, könnte **Dummheit** in der Außenansicht durch Schweigsamkeit nicht unbeträchtlich gewinnen.

Wie wohltuend es doch klingt, wenn **Dummheit** sprachlos ist und schweigt.

Frühere **Dummheiten** kann man bilanztechnisch aufwerten, indem man sie heute als Erfahrungen verbucht und später einen Gewinn daraus zieht.

Man muss nicht immer gleich die Pferde wechseln. So manche **Ehe**, die am ewig gleichen Trott zu zerbrechen droht, gewinnt manchmal, wenn die Protagonisten sich mit etwas Neuem gegenseitig auf Trab bringen.

So mancher hat seine **ehrliche Haut** schon für materielle Versprechen zu Markte getragen

Der Anlageberater setzt genau dann auf **Ehrlichkeit**, wenn es sich rechnet.

Bewusste **Einsamkeit** – Selbstreflexion des Geistes - Survival-Training in der Wildnis der Gedanken.

Um nicht aufs falsche Pferd zu setzen, empfiehlt es sich, in Geldangelegenheiten seine **Emotionen** im Zaum zu halten.

Sich ärgern heißt, zusätzliche **Energie** an etwas zu verschwenden, was sich nicht mehr ändern lässt.

Einsam bleibt sicher, wer verlässliche Kantonisten sucht.

Das ultimative **Endzeitorakel**: Erhänge dich selbst!

Artgerechte **Enthaltsamkeit** ist, wenn Nachteulen nicht mit den Hühnern ins Bett gehen.

Jeder ist frei in der **Entscheidung**, ob er wissen will, was geschieht, oder ob er nur wissen will, was andere ihn wissen lassen, was vorgeblich geschieht.

Blauäugig getroffene **Entscheidungen** können dazu führen, dass man sich hinterher auch noch grün und blau ärgert.

Entwicklung führt sehr viel weiter, wenn sie sich an Grenzen stößt.

Erfahrung: Richtmeister des Vertrauens.

Es ist die zunehmende **Erfahrung**, gepaart mit gesundem Menschenverstand und ein wenig Intuition, die einen das Gespür für die unterschiedlichen Arten vorgeblicher Wahrheiten entwickeln lässt.

Erfahrung hilft, einen kühlen Kopf zu bewahren, wenn man kalte Füße bekommt.

Der holografische Lern- und **Erfahrungsraum** des Geistes heißt Materie.

Ernst zu nehmende **Erfolge** beginnen oft mit lächerlich anmutenden Hoffnungen.

Erfolg auf Rezept gibt es nicht, aber es gibt für vieles probate **Erfolgsrezepte**.

Schulgeruch: die olfaktorisch verankerte **Erinnerung** an die Jahre des Bankdrückens, ein entscheidendes Kapitel der Kinder- und Jugendzeit.

Erinnerung: ein emotionsgeladenes Bildbearbeitungsprogramm.

Erinnerung, die mentale Wiederbelebung früherer Erlebnisse und Erfahrungen, ist heute mehr denn je eine Funktion der Medien, ebenso das Vergessen, wobei gerne auch einmal Vergangenes kreativ gestaltet wird.

Erinnerungen: geistiges Senkblei.

Wer in **Erinnerungen** an Vergangenes schwelgt, sollte dies reflektiert und behutsam tun, da sonst Wehmut die Gegenwart überschattet und die Zukunft blockiert.

Ganzheitliches **Erkennen** wird erst möglich, wenn wir die bildungspolitisch verordnete profane Verengung unseres Welterlebens aufbrechen und die Perspektive für die magische Seite der Natur rekultivieren.

Erkenntnis: Ableitung des Zweifels.

Manchmal muss man erst mit Mühe einen Berg besteigen, um zu der **Erkenntnis** zu gelangen, dass es nicht nötig war.

Hinter einer plausiblen **Erklärung** versteckt sich manchmal eine faustdicke Lüge.

Auf hochgesteckte **Erwartungen** folgen mitunter tiefgreifende Erfahrungen.

Unzufriedenheit: Ableitung einer unrealistischen **Erwartungsfunktion.**

Wer glaubt, **Ethik und Moral** ließen sich durch Geld aufwiegen, wird spätestens beim letzten Gericht für zu leicht befunden.

Euphorie braucht Zügel, ansonsten geht sie durch und schlägt um in Dysphorie.

Bewusst gelebter Augenblick: transparente **Ewigkeit**

Ein **Experte** ist ein Fachidiot, der über wenig mehr und das alles besser weiß und ansonsten über vieles schlechterdings wenig weiß.

US-Spin: Was sind schon **Fakten** im Finanzuniversum, wenn sich mit medial inszenierten Erwartungshaltungen, die mal enttäuscht, mal getroffen und mal überboten werden, richtig viel Geld verdienen lässt und die Laufrichtung der Herde bestimmt werden kann.

Wer die **Fehler** der Vergangenheit in der Gegenwart nicht analysiert und korrigiert, muss sich nicht wundern, wenn ihn die Vergangenheit in Zukunft einholt.

Feigheit und Faulheit sind die Ursache, warum es den einen so leicht fällt, sich zu den Vormündern der anderen aufzuspielen.

Wer das schnelle Geld verspricht, muss zumeist über kurz oder lang **Fersengeld** geben.

Wer sich von den **Fesseln** des bildungskonformen Denkens befreit, bringt auch das Undenkbare in Stoff und Form.

Verwandte des berühmten Kanarienvogels aus der Kohlemine gab es auch im **Finanzmarktlabyrinth**. Sie sind längst tot von der Stange gekippt und durch Attrappen und Vogelstimmenimitatoren ersetzt. Und so wird weiter gezwitschert und vertraut, bis die große Mehrheit alles Geld an eine kleine Minderheit verloren hat.

Flügellahm wird, wer sich dauerhaft unter fremde Fittiche begibt.

Fragen: Katalysator geistigen Wachstums.

Es sind nicht die Antworten, sondern die **Fragen**, die unseren Horizont erweitern. Die Antworten setzen nur neue Perspektiven.

Vorsatz oder doch Dummheit? Anhaltend unsachliches Verhalten politischer und ökonomischer Akteure bei angenommener Professionalität wirft unangenehme **Fragen** auf.

Fraglos politisch korrekt ist, wer die richtigen Antworten umgeht, indem er, wenn überhaupt, die falschen **Fragen** stellt.

Es steht nicht in unserem Ermessen, jemanden oder etwas dauerhaft festzuhalten. Wir sind allein **frei** in der Entscheidung loszulassen.

Wenn man kann, wie man will, ist es ein Akt der **Freiheit**, selbst entscheiden zu können, ob man auch will, wie man kann, wenn man soll.

Freiheit gewinnt man nicht dadurch, dass man sich alle Freiheiten nimmt.

Freiheit: sowohl als auch statt entweder oder.

Individuelle **Freiheit** und Selbstbestimmung werden durch geplantes Angstmanagment zunehmend zur Disposition gestellt.

Bargeld ist **Freiheit** aus der Druckerpresse.

Gewohnheiten wohnt viel Bequemlichkeit und wenig **Freiheit** inne.

Wer **Freundschaft** allein aus Berechnung pflegt, wird allein dastehen, wenn es zählt.

Alles eine Frage des Geldes. Über **Frieden** lässt sich trefflich schwadronieren, solange mit Krieg ordentlich Geld verdient wird.

Wer glaubt, **Frieden** ließe sich in einer auf ständiges Wirtschaftswachstums ausgelegten endlichen Welt dauerhaft verwirklichen, ist zumindest naiv und hat nicht begriffen, dass Krieg in den Augen der großen Kapitaleigner einfach nur Überinvestitionen bereinigt und die Grundlage für neue Kapitalinvestitionen schafft.

Es kommt einer kognitiven **Frischzellenkur** gleich, wenn man sein Denken von politisch korrektem Neusprech befreit.

An den Finanzmärkten werden die exotischsten **Früchte** gehandelt und man kann sich mehr als nur den Magen verderben an Früchten, die es real gar nicht gibt.

Auch dort, wo sich **Fuchs** und Hase gute Nacht sagen, muss man nicht zwingend mit den Hühnern ins Bett gehen.

Wer seinen **Galgen** frisst, nutzt erfolgreich seine Galgenfrist.

Manch gut gemeinter **Gedanke** kompromittiert, wenn man ihn isoliert, seinen Schöpfer.

Es mag ein Anfang sein, auch vor der eigenen Tür zu kehren, allerdings sollte man nicht vergessen auch dahinter zu fegen, denn letztlich beginnt alles mit einem **Gedanken**.

Große **Gedanken** bestürzen kleine Geister.

Wer die vermeintliche Vergangenheit definiert, justiert die **Gedanken**.

Auch **Gedanken** müssen bisweilen entrümpelt werden. Manchmal findet sich ein Aphorismus.

Wenn die **Gefühle** abheben, sollte man seine Ambitionen nicht gleich zu hoch schrauben. Mit Wolke 1 bis 6 ist man auch schon gut unterwegs.

Nicht **Gefühle** erhellen, warum etwas geschehen konnte, vor allem die Frage, wem es nutzt, erklärt so vieles.

Angestoßene **Gefühle** führen manchmal nicht nur zu Entgleisungen der Gesichtszüge.

Wie will jemand die **Gegenwart** ganz begreifen, wenn er die Vergangenheit nicht versteht?

In der **Gegenwart** sind Vergangenheit und Zukunft nur geistige Konstrukte.

Enthusiasmus sollte man in **Geldangelegenheiten** tunlichst vermeiden, ansonsten folgt oft schnell der Katzenjammer, wenn man auf das falsche Pferd gesetzt hat und auf den Hund gekommen ist.

Materie: Geist in Zeit und Raum.

Geist – kreativer Unruhestifter im beschränkten Universum allgemeiner Informationssaturiertheit.

Angesichts des Trends zu allgemeiner und umfassender Nivellierung ist **Geist** heutzutage nur ein unliebsamer Gast.

Geist - ein rastlos treibendes, manchmal anbrandendes, aufgeworfenes Strandgut aus dem ungezähmten Ozean des ewigen Werdens und Vergehens.

Geist - Weltumsegler im Meer des unmöglich Möglichen.

Jeder ungeordnete **Geist** ist sich selbst eine Last.

Nichts ist in unserem **Geist**, das nicht von dem bestimmt wird, was es nicht ist.

Geist - ein wahrhaftiger Maskenbildner, mit der Zeit das Innere nach außen kehrend.

Gender-Mainstreaming und Inklusion: Was nicht passt, wird gleichgestellt und passend gemacht.

Ist nicht vielleicht derjenige blöd, der den gewissenlosen Blödsinn der **Genderbewegung** für sinnig hält und gewissenhaft umsetzt?

Wer im **Genderismus-Wahn** alles gleichstellen will und eine allumfassende Sprachverkrümmung postuliert, offenbart damit zugleich die Verkümmerung seines eigenen Denkens.

Ein gefundenes Fressen ist nichts für stille **Genießer**.

Was braucht es mehr, wenn es **genügt**.

Wer nur darauf bedacht ist, Reichtümer anzuhäufen vergisst, dass er auf die letzte Reise keinerlei **Gepäck** mitnehmen kann.

Seitdem die Natur ein großes **Geschäft** ist, steht sie kurz vor der Pleite.

Obwohl in der Politik ständig eine Hand die andere wäscht, wird das Geschäft dadurch nicht sauberer. Vielleicht ja auch, weil man sich einen Dreck um die Wähler schert.

Das **Geschäftsmodell** Krankheit muss dann und wann um den einen oder anderen psychischen oder physischen Aspekt erweitert werden, um weiteres Wachstum der pharmazeutischen Industrie zu generieren.

Der Witz an der **Geschichte** ist, dass es neben Geschichten, die Geschichte machen, obwohl sie gar nicht passiert sind, wahre Geschichten gibt, aus denen keine große Geschichte gemacht wird.

Geschichtsschreibung: Was nicht passt, wird passend gemacht.

Wer danach trachtet, den Zustand unseres **Gesellschaftssystem** bestimmen zu wollen, muss nur die Geschichte unseres Geldsystems betrachten. Ein von wenigen Privatbanken geführtes Bankenkartell, bereichert sich mit dem von ihm geschaffenen Fiat-Schuldgeld auf Kosten der großen Masse und führt ganze Staaten am Gängelband durch die Manege.

Wenn man das **Gesicht** verloren hat, hilft auch das zweite Gesicht nicht mehr weiter.

Mit zunehmendem Alter führt so manches **Gesicht** akribisch Tagebuch über ein bewegtes Leben.

Es gibt Zeiten, in denen es höchst ungesund sein kann, wenn sich der **gesunde Menschenverstand** artikuliert.

Im Leben, wie an der Börse - der **gesunde Menschenverstand** sagt, falsch ist da, wo die große Masse richtig zu liegen glaubt.

Gesundheit: Der einträgliche Weg ist das Ziel für ganze Berufsstände.

Mit dem Wissen, dass sich das **Gewissen** melden könnte, sollte man gewisse Handlungsoptionen auszuschließen wissen.

Veränderung hilft, sich am Ungewohnten neu auszurichten, wenn man sich in **Gewohnheiten** zu bequem eingerichtet hat.

Wer den **Gipfel** eines Berges erreicht hat, hat nur zwei Möglichkeiten: Absteigen oder Verweilen. Letzteres bedeutet Einsamkeit und Verzicht.

Wer den Eigner der Pfeife sucht, nach der verschuldete Individuen und ganze Staaten tanzen, muss nur die **Gläubiger** finden.

Glück oder Unglück – auf der Zeitachse verkehrt sich so manche Perspektive.

Unglücklicherweise wird über das **Glück** immer noch viel schwadroniert, obwohl doch alles Unwesentliche tausendmal gesagt worden ist.

Wenn es eine höhere **göttliche Gerechtigkeit** gibt, dann folgt sie auch zu gemessener Zeit nach göttlichen und nicht nach menschlichen Maßstäben.

Wer keine **Grenzen** kennt, bekommt diese bei Zeiten vom Schicksal aufgezeigt.

Groll ändert nichts und ist ein Energiefresser. Warum ihn also mit sich herumtragen?

Der **Große Geist** führt über jedes Leben akribisch Buch. Da die Finanzbehörden sich nicht in diese Regionen versteigen, gibt es auch keine Jahresabschlüsse. Und so kann mancher schon mal ziemlich lange anschreiben lassen, bevor er eine Quittung erhält und dann oft mit anhängendem Überraschungseffekt.

Wenn die Großzügigen ihre **Großzügigkeit** irgendwann einmal infrage stellen, werden sie zügig großes Unverständnis ernten.

Es ist schon erstaunlich, welch lange Halbwertzeit so manche **Halbwahrheit** hat.

Halbwahrheiten sind Lügen in Plateauschuhen.

Jede Zeit schreibt ihre eigenen **Halbwahrheiten** in die Geschichtsbücher.

Ganz oder gar nicht. Die **Wahrheit** mit jemandem zu teilen, heißt nicht, dass sich jeder mit einer Halbwahrheit begnügen müsste.

Viele kleine **Hamsterräder** greifen ineinander und garantieren das Funktionieren des globalen ökonomischen Getriebes.

Hass: ein zielsicher zum Absender zurückkehrender Bumerang.

Beständig gepflegter **Hass** frisst sich von innen nach außen und pflegt sich unwiderruflich den Gesichtszügen einzuprägen, um dort Bestand zu erhalten.

Hass kennt keine Amnesie.

Wenn man erst im ausgehenden **Herbst** des Lebens erkennt, was man im Frühling und im Sommer hätte besser machen können, verläuft die Lernkurve im Nirwana.

Herbst ist, wenn die Natur sich entblättert und alles fallen lässt.

Wenn es dem Sommer zu bunt wird, ist **Herbst**.

Im **Herbst** feiert die Natur ihr letztes ausschweifendes Gelage, das erst endet, wenn alles am Boden liegt.

Herzenstakt schweigt wissend ohne Frage.

Wer immer darum bemüht ist, sich ein **Hintertürchen** offen zu halten, wird die Vordertür irgendwann verschlossen finden.

Selbstständigkeit geht in einer Zeit, in der alles auf Knopfdruck funktioniert, mehr und mehr verloren, da das **Hirn** selbst ständig im Leerlauf arbeitet.

Mode ist, wenn das, was einst auf der **Höhe** der Zeit war, irgendwann wieder aus den Tiefen der Vergangenheit auftaucht, um einen neuen alten Trend zu setzen.

Auch auf der **Höhe** des Lebens fehlt es so manchem noch an Tiefe.

Hoffnung benötigt nur einen Schimmer um zu sein.

Zeitgemäß: Aus einem Betonkopf wird aus ökologischen Gründen ein bekennender **Holzkopf**.

Die Administration lässt nichts unversucht, die Lehrenden und Lernenden wirklich alle **Holzwege** des Bildungssystems durchlaufen zu lassen.

Wenn es soweit ist, erhebt sich die Sonne über den **Horizont**. Ganz ohne unser Zutun.

Narziss: Der **Horizont** geht bis zum Spiegel.

Illusionen machen die reale Welt erträglicher, indem sie Tore zu Parallelwelten öffnen. Zerplatzen sie, schließen sich die Türen und die Konturen der ersten Welt treten nur umso deutlicher hervor.

Illusionen: Photoshop für Computermuffel.

Illusionen: ungedeckte Schecks auf die eine oder andere Zukunft.

Illusionen kolorieren die Eintönigkeit des Lebens. Allerdings ist der Lack oft schnell wieder ab.

Am Ende ist all das nichts, was wir in unserem Konsumrausch einsammeln. Nichts, was wir dauerhaft behalten könnten. Allein das bleibt, was all die Nichtigkeiten **im Innersten** aus uns gemacht haben.

Was nutzt es, wenn es äußerlich gut läuft, man aber mit sich selbst nicht **im Reinen** ist?

Gelungene **Improvisation** - gute Vorbereitung ist alles.

Im Zeitalter der medial gesteuerten und digital sozial vernetzten Massen, ist das Bekenntnis zum analogen und **individualistischen** Leben ein revolutionärer Akt.

Toleranz kann Erstaunliches anrichten, wenn sie zur **Indolenz** führt.

Unbequeme **Informationsvielfalt** überfordert oft und führt bei so manchem zu Bequemlichkeit und Einfalt.

In Zeiten der **Informationseinfalt** braucht Wahrheit keine langen Zeilen, sie findet sich dazwischen.

Dort, wo Regeln gebrochen, wo hinterfragt und anders gedacht wird, öffnen sich neue Wege, ist Platz für **Innovationen**. Wenn das, was immer schon war, nicht sakrosankt ist, kann das, was folgt, Erneuerung sein.

Intuition: Navigationssystem für alle Fälle - Update durch Erfahrung.

Mit der **Inventur** des Federviehs sollte man bis zum Ende des Tages warten.

Sarkasmus, aufgelöst in **Ironie**, verliert seinen bitteren Beigeschmack.

Ironie ist, wenn sich ein Pazifist durchs Leben schlägt.

Der **Journalismus** zeigt, dass der Weg zur Prostitution oft nur ein kurzer ist.

In Zeiten zunehmender Virtualisierung scheint es nur konsequent, dass **Journalisten** schmutzige Wäsche waschen, die es real gar nicht gibt.

So manche **Karriere** gründet in beischlafwandlerischer Sicherheit.

Statistisch ist nicht belegt, wie viele Menschen sich **Kant** nehmen und anschließend die Kante geben. Das gilt auch für den umgekehrten Fall.

Nur die Lüge ist glatt, die Wahrheit dagegen eher **kantig**. Reflexion, gesunder Menschenverstand und Hinterfragen weisen den unbequemen Weg aus der politisch gewollten und medial orchestrierten bequemen Unmündigkeit.

Krisen sind der **Katalysator**, Gesellschaften in gewünschte Richtungen zu schaffen. Ohne Krisen wird es kritisch für die Kontrolleure.

Kitsch verschwendet, was Kunst sich gespart hat.

Der Große Geist hat für den **Kleingeist** den Tellerrand geschaffen.

Kleingeister betätigen sich bei Geistesblitzen anderer gerne auch mal als Blitzableiter.

Kleingeister setzen dort, wo es ihnen an Argumenten fehlt, auf Denkverbote.

Am Märchen von der anthropogenen **Klimaerwärmung** erwärmt sich eine profitorientierte Minderheit, beschert es ihr doch märchenhafte Gewinne auf Kosten der großen Mehrheit.

Dem **Klimawandel** geschuldet? Man hat Arabien den Frühling versprochen und den tiefsten Winter gebracht.

Wer über Generationen tradierte Werte und Normen innerhalb weniger Jahre auf den Kopf stellt, muss sich nicht wundern, wenn das gesellschaftliche System in dem ganzen Schwindel schließlich **kollabiert**.

Von einem kollektivem Klaps ist zu sprechen, wenn die Vertreter der großen Notenbanken gemeinsam vorgeben, den **Kollaps** des Schuldgeldsystems durch immer neue Schulden verhindern zu können.

Der Mut zur Wahrheit gehört nicht zum **Kompetenzprofil** von Bewerbern um höhere politische Ämter.

Die Holzwege des Lebens sind der triviale **Königsweg** der Erfahrung.

Konsumrausch: das Ertränken aller Konzepte, die über die menschliche Endlichkeit hinausreichen.

Ein Finanzberater ist jemand, der fremder Leute **Kopf** und Kragen riskiert, indem er Anlegern zunächst den Kopf verdreht und anschließend deren Geld auf selbigen haut.

Der **Kopf** wird so manchem gerade gerückt, wenn etwas schiefgeht.

Persönlichkeiten lassen sich gern für ihre **Konsequenz** loben, auch wenn ihnen nur ein Weg offensteht.

Es ist schon erstaunlich, welche **Krankheiten** man heute pharmakologisch kreieren kann.

Die **Kreativität** der Träume macht das Undenkbare denkbar real.

Wenn **Kreativität** nicht dort endet, wo die Wahrheit beginnt, ist der Weg zur Lüge vorgezeichnet.

Sachliche **Kritik**: geistige Wachstumshormone.

Keine **Kritik** zu erfahren, heißt doch nur, keine Aufmerksamkeit geschenkt zu bekommen und nicht beachtet zu werden.

Man kann sich eine Menge **Kummer** und Ärger ersparen, wenn man im Moment aufkommenden Zorns Geduld und Ruhe bewahrt.

Kummer gehört zu den Lebensmitteln, die man besser nicht noch einmal aufwärmt.

Ganz nüchtern betrachtet ist das **Leben** ziemlich leer, wenn man ständig voll ist.

Mitunter zwingt uns das **Leben** etwas auf, was uns zutiefst widerstrebt und unangenehm ist, was aber nichtsdestotrotz getan werden muss. Ist es dann getan, fühlen wir uns erleichtert und um einen oder mehrere Schritte weitergekommen.

Bevor man etwas aufschiebt, sollte man bedenken, dass das **Leben** nicht wartet.

Wenn man das **Leben** als Wachstums- und Reifeprozess betrachtet, dann gelingt diese Weiterentwicklung nur in der Auseinandersetzung mit Aufgaben und Problemen, die uns das Leben stellt. Problemabsenz bedeutet Stagnation.

Wer mit einem **Leben** nach dem Leben rechnet, weiß, dass es am langen Ende keine offenen Rechnungen gibt.

Die meisten Menschen vergessen, dass das **Leben**, was die materiellen Güter betrifft, ein Nullsummenspiel ist. Am Ende bleibt nichts, was man mitnehmen könnte.

Wer sich sperrt, den zerrt, den schleift es mit, wer das **Leben** annimmt, wie es ist, den führt, den trägt es.

Das **Leben** hält die Antworten auf die Fragen, die wir an es stellen, immer schon bereit. Leider spricht das Leben oft eine Fremdsprache.

Durch den rechten Umgang mit Flaute und Seegang erhält das **Leben** auch Tiefgang.

Im richtigen **Leben** läuft es doch nicht anders als an der Börse. Erfolgreich ist, wer sich anders verhält als die Masse.

Wer sich dem Fluss des **Lebens** entgegenstellt, läuft Gefahr, darin zu ertrinken.

Nicht immer ist das **Leben** ein Freund großer Rechnungen und Pläne. Mitunter wirft es auch die beste Kalkulation über den Haufen.

Egal was man von sich gibt - es kann auch das letzte Essen sein -, man liefert damit einen **Lebensbeweis**.

Das Schicksal verweist auf die Vorläufigkeit einer stringenten **Lebensplanung**.

Wer in die innere **Leere** geht, kann daraus erstaunliche Lehren ziehen.

Man darf sich Erfahrung davon versprechen, wenn Versprechen im Nachhinein lehren, dass es sich um **leere** Versprechen handelte.

Legitim heißt, man folgt zuerst dem Gesetz der Moral, ob legal, ist zunächst mal egal.

Unter dem Deckmantel staatlicher **Legitimität** kommt das von einigen wenigen Privatbanken in intimer Atmosphäre konstituierte Zentralbanksystem daher ... privat - der vielleicht größte Schwindel der Neuzeit.

Die Irrfahrten anderer relativieren das eigene **Leid**.

Misserfolge schreiben den **Leitfaden** für den Weg zum Erfolg.

Leid tun können einem Menschen, die mit bürokratischer Einfalt immer nur **Leitfäden** befolgen.

Wer **lernresistent** ist, schreibt die Fehler der Vergangenheit in der Zukunft fort und dreht sich unweigerlich im Kreise.

Dass wir recht linkisch im Dunkeln tappten, erkennen wir oft erst, wenn etwas ins rechte **Licht** gerückt wird.

Ausschlusskriterium der **Liebe** – Geist.

Liebe ist manchmal wie Methylalkohol. Sie macht blind.

Sinnliche **Liebe** ist wie ein Fluss. Sie sucht sich ihr Bett.

Keine Frage. **Liebe** ist, was sie ist. Punkt.

Im ersten Überschwang großzügig übersehen, sind oft die kleinen Fehler das spätere Verhängnis einer großen **Liebe**.

Auf der Suche nach einem Protegé sollte man die **Lobby** nicht missen.

Langer Rede, kurzer Sinn - Schweigen sagt manchmal alles und ist die kürzeste und sinnvollste **Lösung**.

Wir leben in einer Zeit, in der es mit **Lüge** und Betrug eine erstaunlich lange Zeit gehen kann, aber eines Tages wird auch der letzte sich wundern, dass der Kaiser sich noch keinen Schnupfen geholt hat, weil er nackt ist.

Wenn man sich jahrelang mit einer **Lüge** eingerichtet hat, dann wirkt die Wahrheit verstörend und hebt eine ganze Welt aus den Angeln.

Die **Lüge** ist wie ein verwundetes Raubtier. Wenn man ihr auf den Pelz rückt, beißt sie um sich.

Lügen mögen ja kurze Beine haben, aber dank medialer Unterstützung, laufen manche von ihnen heute in Sekunden um die ganze Welt.

Wenn du jemandem die **Macht** über dich nehmen willst, besiege die Angst.

Die auf links gedrehte Ansicht des medialen **Mainstreams** offenbart manchmal recht erstaunliche Einsichten.

Mit Novalis zu sprechen, kann man heute sagen, dass das **Märchen** gleichsam der Kanon nicht nur der Poesie, sondern auch aller Politik ist. In jedem Politiker steckt ein Märchenerzähler.

Maß ist das Mittel, das den Genuss beim Genuss von Genussmitteln erhält.

Maßlosigkeit geht einher mit dem Verlust an Selbstachtung.

Massenmedien erfüllen in einer nicht funktionierenden Demokratie unisono eine zentrale Aufgabe: Sie sollen Desinformationen beschaffen, bewerten, verbreiten und Bürger kontrollieren und kritisieren, damit politische Institutionen respektive politisch Handelnde in der Lage sind, nach dem Gusto der wahren Entscheider zu entscheiden und zu handeln. Dagegen hilft nur eine Medizin: am besten ständig selbstständig denken.

Von den Architekten der **Matrix** konditioniert, ist der Mensch in seiner angenommenen Machtlosigkeit und Angst ein Getriebener, solange er sich nicht selbstbestimmt auf seine Fähigkeiten und Stärken besinnt und damit die Matrix als Illusion entlarvt.

Der **Mechanismus** der Welt erschließt sich in der Unendlichkeit.

Einfältig und verdächtig klingt es, wenn alle etablierten **Medien** die gleiche Melodie spielen. Dann weiß der gesunde Menschenverstand, dass im Hintergrund eine ganz andere Musik spielt.

Wenn du denkst, es geht nicht dümmer, manche **Medien** schaffen's immer.

Mühe und Zeit scheuend, seriöse Quellen und Hintergründe zu studieren, lässt sich so mancher Mensch im Desinformationszeitalter willig von den sozialen **Medien** in einem seichten Meer von Kurzinformationen ertränken.

Alle Ideen und Veränderungen entstehen im Kopf. Doch welche Macht dem Denken zukommt, verschweigt man uns wohlweislich, und so laufen wir Gefahr, den **Mediensalat** zumeist unreflektiert zu konsumieren und uns keine oder die falschen Gedanken zu machen.

Intuition, Erfahrung und gesunder **Menschenverstand** justieren den Kompass, um die richtige Abzweigung an den Kreuzungspunkten des Lebens zu nehmen.

Wenn der **Mensch** ein Produkt einmaliger göttlicher Schöpfung ist, kann man nur fragen: Gott sag mal, geht's noch?

Der **Mensch**: Ein Vollpfosten in den unendlichen Weiten des Universums!?

Angesichts der Wucht des Augenblicks bleiben **Milliarden Jahre** doch nur ein gedankliches Konstrukt.

Miss Erfolg an den **Misserfolgen** und du weißt beides einzuordnen.

Wenn die **Mission** eines Entscheidungsträgers allein darin besteht, große Probleme permanent kleinzureden, dann wird er selbst zu einem großen Problem und sammelt Argumente für seine Demissionierung.

Missverständnisse führen mitunter zu ganz erstaunlichen Erkenntnissen.

Sieh, welche **Möglichkeiten** du in deiner Eile überrennst!

Einen unvergesslichen **Moment** miteinander zu teilen, heißt gemeinsam zu schauen und schweigend einander zuzuhören.

In Zeiten, in denen das persönliche **Momentum** negativ ist, sollte man nicht vergessen, sich selbst auf die Schulter zu klopfen.

Menschliches **Multitasking** ist die Fähigkeit unter Konzentrations- und Leistungsverlust mehrere Arbeiten gleichzeitig oberflächlich und fehlerhaft auszuführen.

Die Mutlosen verstellen sich, die **Mutigen** stellen sich.

Es stellt sich die Frage, wer vorgibt, wenn die Klügeren **nachgeben**.

Im Sinne einer gewünschten Ablenkung vom Wesentlichen ist die Marginalität einer **Nachricht** ein Qualifikationskriterium für die zentrale mediale Platzierung im Desinformationszeitalter.

Mit Banalitäten, die zu **Nachrichten** gemacht werden, lässt sich viel Geld verdienen, mit der Wahrheit noch viel mehr, wenn man sie unterdrückt.

Mit **Nachsicht** sollte man umsichtig verfahren, ansonsten hat man auf längere Sicht das Nachsehen.

Der Tag lehrt, dass die **Nacht** maßlos übertreibt.

Am langen Ende dämmert der **Nacht**, dass es Zeit ist zu tagen.

Seelische **Narben** überdauern ein Leben.

Nur **Narren** vertrauen darauf, dass Hunde entweder bellen oder beißen.

Der Mensch leert die **Natur**, die Natur lehrt den Menschen ... manchmal sehr schmerzhaft, dass kein Fehler ohne Konsequenz bleibt.

Dank Kosmetik ist auf den ersten Blick nicht verbrieft, was die **Natur** im Alter vertieft.

Mancher muss bis in die **Nacht** tagen, damit ihm ein Kompromiss dämmert.

Konsequente **Naivität** sammelt die gleichen
Erfahrungen gerne auch mehrfach.

Wer die Welt allein über die Anwendung der
Naturgesetze verstehen will, erfährt durch jedes
Wunder die Beschränktheit seines Verstandes.

Wer sich mit anderen vergleicht, gewinnt außer **Neid**
und Unzufriedenheit nichts.

Hohn und Spott können Motivation für etwas sein,
was langfristig **Neid** verdient.

Medial inszenierte **Nichtigkeiten** verdecken medial
ignorierte Wichtigkeiten.

Bewusstes **Nichtstun** führt mitunter weiter als blinder
Aktionismus.

Angesichts des Trends zu allgemeiner und umfassender **Nivellierung** ist Geist heutzutage nur ein unliebsamer Gast.

Wer den Teufel an die Wand malt, hat das Schlimmste in der Rechnung und stellt sich darauf ein, dass es zur **Not** auch ein paar Fliegen tun.

Entweder haben die **Notenbanken** die mit Abstand größte Anleihe dieser Welt bei der Dummheit genommen, die bekanntlich nicht vom Aussterben bedroht ist, oder sie folgen einem perfiden Umverteilungs- und Enteignungsplan. Der Sterblichkeit des Geldsystems freilich tut das keinen Abbruch.

Wer sich in einer **Notlage** befindet und nach Antworten sucht, sollte zunächst die Charakterfrage stellen.

In **Notlagen** bekommen Strohhalme eine ganz neue Bedeutung.

In der **Not** zeigt sich mancher Charakter dürftig.

In **Notlagen** verlieren etablierte Spielregeln ihre Gültigkeit. Gerne bedient man sich staatlicherseits auch solcher Notlagen, um die Regeln zu ändern.

Auch Vokale verlieren in Notlagen manchmal ihre Bedeutung. Und so erwachsen aus Notlagen schnell einmal **Notlügen**.

Die heutige Politik hat das binäre System des Computerzeitalters noch einmal reduziert. Man findet weithin nur noch **Nullen**.

So mancher, der scheinbar **Oberwasser** gewonnen hat, steht in Wahrheit bis zum Hals unter Wasser.

Wer weiß, dass er die wesentlichen Fragen zu den Antworten des Lebens nur in sich finden kann, muss nicht erst in die Wüste gehen, um seine **Offenbarung** zu finden.

Egal in welche Richtung, ein aufrechter **Opportunist** segelt mit jedem Wind.

Das demonstrierende Volk mutiert schnell auch mal zum **Pack**, wenn es sich nicht packt und den Direktiven der Volksvertreter folgt.

Paradox ist, wenn Menschen so schamlos sind, dass sie die nackte Wahrheit auf den Kopf stellen und damit nicht nur deren Blöße verdecken.

Die kleinsten Beamten sind oft die größten **Paragraphenreiter.**

Persönlichkeit ist das, was zwischen dem steht, was wir aus unserem Leben machen und dem, was das Leben aus uns macht.

Empfinden **Pessimisten** so etwas wie Glück, wenn sie aus dem Scheitern ihre Bestätigung ziehen?

Der **Pessimist** sieht überall am Ende schwarz, während der Optimist sich überall ein gutes Ende weismacht.

Zufriedenheit ist das Sedativ für Vision und **Phantasie**.

Gott: **Philantrop** und Hasadeur in Personalunion, als er den Menschen schuf und ihm seine Schöpfung anvertraute.

Kurzfristiger Erfolg macht oft blind für eine systematische **Planung** und damit für den langfristigen Erfolg.

Zukunft: Die beste **Planung** zerschellt an den Unwägbarkeiten des Schicksals.

Plattitüden verändern sich auch nicht, wenn man sie mit noch mehr Inhaltsleere aufpumpt.

Fehlendes Talent und Dummheit sind keine Ausschlusskriterien in der **Politik**.

Politik ist ein eigenartiges Geschäft. Was die einen gerne aussitzen, können die anderen nicht ausstehen.

Die **Politik** ist ein prosaisches Geschäft, bisweilen mit dramatischen Untertönen, vor allem aber voller Ungereimtheiten.

Politik: ständiger Jahrmarkt geballter Inkompetenzen zum Missvergnügen des Volkes.

Politik kreiert für jede richtungsweisende Lösung das passende Problem.

Wie in der **Politik** nichts rein zufällig geschieht, so sind auch Wirtschaftskrisen gut geplant, haben sie doch berechenbare politische Auswirkungen.

Vielversprechende **Politiker** - viel versprechende Politiker.

Wenn **Politiker** mit begrenztem Wissen und wenig Zeit mutmaßende Aussagen über ein System treffen und Lösungen formulieren, die von vornherein falsch sind, so ist das zwar kein heuristischer Ansatz, lässt aber auf die Qualität ihrer Urheber schließen.

Bei dem, was **Politiker** an Blauem vom Himmel herunterlügen, darf man sich tatsächlich wundern, dass der Himmel an Sonnentagen immer noch in schönstem Blau erstrahlt.

Wenn manche **Politiker** ihre Gedanken verschriftlichen, dann lügen sie gedruckt.

Die Freier der Gedankenfreiheit stoßen sich am überschaubaren Horizont der **politisch Korrekten**.

Politische Korrektheit: zunehmende geistige Beschränktheit - das Universum des Unsagbaren expandiert permanent.

Lüge, Dummheit und Einschüchterung präsentieren sich heute modisch auf dem Laufsteg **politischer Korrektheit**.

Politologie: Wissenschaft, wie ein Politiker, der gestern log, sich dieses heute schönreden kann.

Die Pose der heutigen **Presse** ist eine tragische Posse.

Wenn Oswald Spengler schon vor 100 Jahren konstatierte, dass die öffentliche Wahrheit ein Produkt der **Presse** ist, dann ist sie heute das Ergebnis journalistischer Impotenz in mehrfacher Potenz.

Gerade **Prinzipienreitern** geht es häufiger durch, auf das richtige Pferd zu setzen.

Wer nirgendwo anecken will, hat kein eigenes **Profil**.

Profi-Politiker sind Menschen, die außer der Pflege ihrer **Profilneurose** oft wenig gelernt haben.

Ein analytischer Holzkopf schreibt die eigenen **Prognosen** laufend fort, obwohl sie faktisch permanent widerlegt werden.

Quelle der Unachtsamkeit ist Gedankenlosigkeit, Quelle der Achtsamkeit ist Gedankenlosigkeit.

Wer sich der Wirklichkeit nicht stellt und Fakten beständig leugnet, wird irgendwann von der **Realität** gestellt und dann recht unsanft auf den Boden der Tatsachen gezwungen.

Realität ist das, was wir manchmal wirklich nicht gebrauchen können.

Auch eine flüssige **Rede** voller leerer Worte ist mehr als überflüssig.

Wahrer **Reichtum** wird auch durch das definiert, worauf wir verzichten können, ohne uns eingeschränkt zu fühlen.

Wer politisch wie wirtschaftlich nicht auf **Reife,** sondern auf Federweißer setzt, muss sich nicht wundern, wenn es später gärt.

Man bleibt zwar nichts schuldig, wenn man alles mit gleicher Münze zurückzahlt, inneren **Reichtum** aber erlangt man dadurch nicht.

Temporäre Stadtflucht: Bevor die Zeit **reif** für etwas ist, geht sie ins Land.

Solange es Kapitaleigner gibt, die Kriege als wirkungsvolle **Reinigungskrisen** für neue Kapitalinvestitionen begreifen, ist dauerhafter Friede Illusion.

Welch perfider Gedanke, wenn man annehmen würde, dass große Begebenheiten, die unsere Welt immer wieder an den Rand des Abgrunds reißen, nicht rein zufällig passieren, sondern akribisch am **Reißbrett** entworfen werden.

Weise ist es, zu erkennen, dass alle menschlichen Aussagen **relativierbar** und im besten Fall bedingt gültig sind.

Freiheit gewinnt, wer sich der **Relativtät** der Konstruktionen seines Welterlebens bewusst wird und seine Vorurteile reflektiert.

Revolutionäre Arbeitsteilung: Die Finanzelite liefert die Kanonen. Das Volk ist das Futter.

Die wilde **Romantik** einer obdachlosen Liebe wird erkauft mit ihrer kurzen Halbwertzeit.

Um den Blick für die Realität zu schärfen, reicht oft schon der Verzicht auf die **Rosinen** im Kopf.

Für das Selbstwertgefühl ist es zuträglicher, wenn man sich reckt und **Rückgrat** zeigt, als wenn man sich drückt und anderen ins Rektum kriecht.

Rückgrat ist in der Politik ein absoluter Karrierekiller.

Ironisch geläuterter **Sarkasmus** - ein subtiles Hoffnungszeichen dort, wo Denkverbote herrschen.

Der **Schatten** seelischer Verwüstungen reicht weit über das aktuelle Leben hinaus.

Wer in einer Welt der Äußerlichkeiten zuallererst darum bemüht ist, den äußeren Schein zu wahren, und dann Unehrlichkeit und Unwahrheit beklagt, ist wahrhaft äußerst **scheinheilig**.

Das **Schicksal** zeigt nur allzu oft, dass die lange Bank, auf die wir unsere Wünsche geschoben haben, zu lang für unser Leben war.

Wer sein **Schicksal** herausfordert, muss immer auch auf der Rechnung haben, dass es sich ihm ohne Brief, aber mit Siegel in den Lebensweg stellt.

Die Erfahrung lehrt, dass viele Dinge zur rechten Zeit gekommen wären, wenn wir dem **Schicksal** nicht ungeduldig vorgegriffen hätten. So stehen wir mit leeren Händen da.

Es ist eine üble Angewohnheit des **Schicksals**, sich gerade dann schlagend zu melden, wenn das Leben ordentlich eingerichtet ist.

Zu spät kommen, etwas zu verpassen, kann auch eine Gnade des **Schicksals** sein.

Der Klang inhaltsarmer **Schlagworte** findet Anklang in überschaubaren Geistern.

Schlendrian und Bruder Leichtfuß laufen gern im Windschatten des Erfolgs.

Ein dummer Zufall hat schon so manchen **Schlaukopf** zu Fall gebracht.

Der Mensch, gedacht als Produkt göttlicher **Schöpfung**, wirft Fragen auf: Gott, sag mal, geht's noch?

Als Gott dem Menschen den Vorstandsvorsitz über seine **Schöpfung** gewährte, vergaß er die Gewähr in die AGB (Allgemeine göttliche Bedingungen) zu schreiben.

Seelische **Schwerhörigkeit** wird meist erst dann wahrgenommen, wenn das Leben bereits entgleist ist.

Schweigen kann ein starkes Wort sein.

Schweigen findet oft den falschen Dolmetscher.

Pikiertes **Schweigen** klingt laut und deutlich nach.

Wer **schweigt**, kann nichts Falsches sagen, aber falsch verstanden werden.

Es bedarf einiger innerer Grabenkämpfe, bevor man den inneren **Schweinehund** besiegt hat.

Dumm gelaufen ist es, wenn man auf der **Schwelle** des Todes über die Erkenntnis stolpert, dass man etwas Wichtiges vergessen hat.

Eine reine **Seele** trägt keine Maske.

Das Versprechen materieller Sicherheit lockt so manchen **Seelenverkäufer.**

Perspektivisch ist unser **Sehen** immer schon voreingestellt durch das, was wir wissen und nicht wissen wollen.

Sehen wird durch Erfahrung kalibriert.

Sehen heißt immer auch übersehen.

In einem kurzen Augenblick der **Seelenruhe** liegt häufig eine neue Perspektive.

Manchmal muss man nur die Augen schließen, um klarer zu **sehen**.

Sehnsucht ist so ein Ding, das man am besten unterwegs aufbewahrt, am Ziel geht es verloren.

Manchmal ist es die weiseste Entscheidung, an der **Seitenlinie** stehen zu bleiben und den Dingen ihren Lauf zu lassen.

Selbstbestimmung heißt auch, dass wir die Brille, die uns von den Medien aufgesetzt wird, nicht tragen müssen.

Das **Selbstwertgefühl** führt Buch über Erfolg und Misserfolg.

Wenn es unter dem Dachstuhl brennt, macht es wenig **Sinn**, zunächst den Dachdecker zu bestellen.

Der Mythos des **Sisyphos**, die Absurdität des beruflichen Lebens - verdichtet im Lehrerberuf in einem System, das sich zunehmend jeglicher Bildung entledigt und die lehrenden Protagonisten permanent infrage stellt.

Wenn jemand **Solidarität** mit jedem und Toleranz für alles einfordert und Kritik mit dummen Verunglimpfungen abweist, beweist er damit nur seine eigene Dummheit und liefert einen soliden Beitrag aus dem Tollhaus.

Durchaus kein Zeichen von **Solidarität** ist es, wenn sich jemand grün und blau ärgert, weil jemand anderes ständig blaumacht.

Vorstellungskraft lässt die **Sonne**, die in der Zukunft scheinen wird, schon heute aufgehen.

Sorgen können schwimmen. Sie lassen sich nicht ertränken.

In Notlagen verlieren etablierte **Spielregeln** ihre Gültigkeit. Gerne bedient sich die staatliche Administration auch solcher Notlagen, um die Regeln zu ändern.

Der Weg zu einer **Spitzenstellung** ist mit Zugeständnissen und Verpflichtungen gepflastert, die sich auf den zweiten Blick als äußerst unangenehme Fußangeln erweisen.

Mancher braucht erst eine **Standpauke**, um zu wissen, was die Glocke geschlagen hat.

Es wird als Zeichen von **Stärke** verstanden, wenn man mit seinen Schwächen kokettiert.

Starrsinn sonnt sich gern unter dem Schatten von Prinzipientreue und Konsequenz.

Was nicht passt, wird passend gemacht. Das ist richtig verstandene **Statistik**.

Wie man es dreht und wendet, bei der **Statistik** ist es von entscheidender Bedeutung, damit am Ende ein Schuh daraus wird.

Die Statik von **Statistiken** gerät gehörig ins Wanken, wenn man statt ihrer den gesunden Menschenverstand bemüht.

Wer sich fortschreibende und verstärkende negative Tendenzen im eigenen Land sportlich negiert und diese mit Hilfe von **Statistiken** positiv optimiert und extrapoliert, ist bestenfalls ein ambitionierter Optimist oder er arbeitet für die Regierung.

Statistiken sind Potemkinsche Dörfer in Zahlen.

Sternschnuppen sind Meteore, denen es ziemlich schnuppe ist, was wir uns wünschen, wenn sie in der Erdatmosphäre verglühen.

Bemerkenswert ist, dass windige Versprechen in der Politik an der Tagesordnung sind, aber nur selten einen **Sturm** der Entrüstung auslösen.

Wenn die Wirklichkeit **surreal** daherkommt, dann laufen Erfahrungen, Gewohnheiten und Vorurteile ins Leere.

Synästhesie ist, wenn es gewaltig zum Himmel stinkt und schreit, weil jemand das Blaue vom Himmel lügt.

Globalismus ist Irrsinn zum **System** erhoben.

Frisiertes Finanzsystem: Es ist schon erstaunlich, wie lange es gelingt, ein marodes **System**, das sein Verfallsdatum längst überschritten hat, mittels kosmetischer Maßnahmen im komatösen Zustand zu erhalten.

Ein **System** kann seinen Bestand nur durch Innovation und Veränderung fortschreiben. Das geschieht durch Anders-Denken und Hinterfragen. Andernfalls ist das systemische Verfallsdatum vorgezeichnet und man kann das System über kurz oder lang abschreiben.

Manch einer hat ein **Talent**, sein Talent zu vergeuden, weil es an Willen und Disziplin fehlt.

Wer **Tatsachen** beständig leugnet, wird über kurz oder lang von der normativen Kraft des Faktischen überrollt.

Wir leben in Zeiten, in denen auch zunehmend mehr **Tatsachen** voll verschleiert präsentiert werden.

Menschen, die ständig **Tatsachen** auf den Kopf stellen, müssen sich nicht wundern, wenn ihnen mal jemand gehörig auf die Füße tritt.

Taub geworden für die direkte und unmittelbare Sprache der eigenen Seele, bemüht der moderne Mensch Dolmetscher und selbst mit diesen fällt es ihm oft schwer zu verstehen.

Indem wir immer mehr Aufgaben der **Technik** überantworten, stellen wir uns selbst in Frage und entmündigen uns zunehmend.

Es sind Finanzinteressen, die heute vornehmlich über das Reüssieren einer neuen **Theorie** entscheiden.

Alle **Theorie** mag ja grau sein, trotzdem treiben es die Verfechter mancher Theorie ziemlich bunt, wenn sie mittels kreativ gestalteter Statistiken der Öffentlichkeit weismachen wollen, wie schwarz sie für die Praxis sehen.

Tatsächlich werden für manch absurde **Theorie** auch schon einmal Tatsachen angepasst oder kreiert.

Theorien sind kleinere oder größere Irrtümer auf Zeit.

Theorien sind praktischer als jede Praxis, da man sie aufgeben kann, wenn sie partout nicht passen wollen.

Nur uneingeschränkte Dummheit postuliert grenzenlose **Toleranz**.

Absolute **Toleranz**: naive Einfalt und volle Blöße.

Wer **Toleranz** und Vielfalt postuliert, aber keinen Widerspruch duldet, offenbart Einfalt und Ignoranz.

Für das fragwürdige Versprechen von mehr Sicherheit angesichts bereits bestehender **Totalüberwachung** wird die Preisgabe individueller Freiheit und Würde fraglos eingefordert.

An bestimmten Finanzplätzen treibt man **traditionell** regen Handel mit Gerüchten, wenn es sich rechnet. Napoleon wüsste ein Lied davon zu singen.

Träume weisen unserem durch Sprache in Schranken gezwungenen Denken den Weg in die Freiheit.

Träume entziehen sich der Reglementierung.

Träume fügen die vergessenen Realitäten des Lebens zu überraschenden Collagen zusammen.

Traumwelten: Geist in ungezähmter und kreativster Form.

Traumwelten sind Brücken zwischen den vergessenen Steinbrüchen der Erinnerung.

Trübsal lässt sich trefflich blasen, ansonsten ist wenig damit anzufangen.

Sparsamkeit ist eine **Tugend**, die bei manchem das Denken mit einschließt.

Fiat-Geldsystem - **führt in allumfassende Tyrannei**.

Der Gelassenheitsmodus kalibriert das Zeitempfinden in Zeiten des Unter- und des **Überschwangs**.

Was man mit Bargeld gewinnt, welche Werte es sichert, werden viele vielleicht auch dann noch nicht begriffen haben, wenn sie bar aller **Unabhängigkeit** ihre Freiheit längst verloren haben.

Wenn das **Undenkbare** nicht mehr gedacht werden darf, gerät das Denkbare in den Verdacht der Halbwahrheit und Lüge.

Der Mechanismus der Welt erschließt sich in der **Unendlichkeit**.

Allgemeine **Unfähigkeit** ist keineswegs ein absolutes berufliches Disqualifikationskriterium. Der Beruf des Politikers lässt hier so manchen hoffen.

Unglück schärft, Glück stumpft die Sinne ab.

Unmündig bleibt, wer sich medial bedienen lässt und sich die servierten Wahrheiten unhinterfragt zu eigen macht. Gesunder Menschenverstand und die Frage, wem es nutzt geben dem Suchenden entscheidende Wegweisungen.

Die durch eine **unsichtbare Hand** induzierten gesellschaftlichen Schockzustände lähmen regelmäßig das allgemeine Denkvermögen und erleichtern die Implementierung systemverändernder Reaktionsmuster.

Bodenloser **Unsinn** – Verlustierung des Geistes.

Fehlschluss: Schon mancher hat Abstand von einem Ziel genommen, weil der Zustand des Weges ihm **Umstand** genug war, auf dieses zu schließen.

Zukunft: Die beste Planung zerschellt an den **Unwägbarkeiten** des Schicksals.

Unwissenheit lässt sich durch Schweigsamkeit, ein überlegenes Lächeln und im Bedarfsfall ein paar Gegenfragen eine gewisse Zeit gut überspielen.

Jede materielle **Veränderung** beginnt im Geiste.

Unzufriedenheit treibt an und schafft **Veränderung**.

So mancher rechnet gegenwärtig nicht damit, dass ihn die **Vergangenheit** in der Zukunft einholen wird.

Dass man qua Amt etwas übernimmt und tragen muss, aber doch nicht bereit ist, es zu übernehmen, zeigen Politiker immer wieder recht schön im Umgang mit der **Verantwortung**.

Vergangenheit kann im zwischenmenschlichen Bereich, insbesondere bei Beziehungskrisen, wie Spinat sein. Aufgewärmt nicht zu empfehlen.

Verkehrte Welt ist, wenn die einen einen dicken Hals bekommen, weil die anderen ihn nicht vollkriegen.

Manchmal lenkt pekuniäres **Vermögen** nur von dem Vermögen ab, zu erkennen, was wirklich zählt.

Erfahrung lehrt: Leere **Versprechen** sind oft aufwendig verpackt.

Wer windige **Versprechen** macht, liefert den Sand gleich mit, den er anderen in die Augen streut.

Um ein besseres **Verständnis** für eine Sache oder einen Menschen zu gewinnen, ist es mitunter ratsam auf Distanz zu gehen.

Vertrauen ist gut, ist man mit Intuition vertraut, ist's noch besser.

Im Zeitalter der zunehmenden **Virtualisierung**, sollte man sich beständig fragen, ob die physischen Gegebenheiten, die man wahrzunehmen glaubt, wirklich oder nur vorgetäuscht sind.

Visualisieren heißt, das Ziel den Weg finden zu lassen.

Manche nennen es **Vorsehung**, wenn der Zufall vorsieht, dass ihnen etwas zufällt.

Nicht die Dinge sind es, die wir beobachten, sondern das, was unsere von Vorurteilen geprägten alltagswissenschaftlichen **Vorstellungen** daraus machen.

Wer die **Wahrheit** beständig unter den Teppich kehrt, muss aufpassen, dass ihm nicht der Teppich unter den Füßen weggezogen wird.

Manchmal kommt das Negativ dessen, was wir vermeintlich zu sehen, zu wissen glauben, der **Wahrheit** näher als das Positiv.

Dass der Ton die Musik macht, ficht die **Wahrheit** nicht an. Je größer das Lügengebäude, desto größer der Skandal, wenn es fällt.

Die **Wahrheit** liegt ungeschminkt und nackt im Wein mit Brief und Siegel.

Im Wein liegt **Wahrheit**, die manchmal zum Weinen ist.

Die lautere **Wahrheit** ist mitunter sehr leise.

Wenn nicht das, was wahr ist, sondern das, was wahr sein soll, wahr zu sein hat und wahr sein darf, dann war es das mit der **Wahrheit**.

Der Ruf ist sicher, allein die Zeit ist manchmal ungewiss. Auf den Kopf gestellt, verleugnet, verschleiert, verdreht und verdrängt, stellt sich die **Wahrheit** häufig hinten an und wartet geduldig, bis sie aufgerufen wird.

Wenn für die **Wahrheit** kein Platz bleibt, muss man sich auch schon mal zwischen zwei Stühle setzen.

Mit Banalitäten, die zu Nachrichten gemacht werden, lässt sich viel Geld verdienen, mit **Wahrheit** noch viel mehr, wenn man sie unterdrückt.

Die **Wahrheit** ist immer schon da. Sie lässt sich finden, aber nicht erfinden. Sie kommt meist schlicht, manchmal sogar nackt daher.

Wenn Kreativität nicht dort endet, wo die **Wahrheit** beginnt, ist der Weg zur Lüge vorgezeichnet.

Die **Wahrheit** hinter der Wahrheit findet, wer Nachrichten und Meldungen gegen den Strich bürstet und zwischen den Zeilen lesen kann. Doch Vorsicht, sie kann irritieren, verstören und ganze Weltbilder ins Wanken bringen.

Wer immer wieder den gleichen **Weg** wählt, muss sich nicht wundern, wenn das Ziel nicht variiert.

Wenn alle äußeren Wege versperrt sind, hilft nur der **Weg** nach innen.

Den **Weg** durchs Leben muss man mit den Schuhen bestreiten, die einem das Schicksal hingestellt hat.

Wegen wegen wurde schon mancher verlegen.

Wer den richtigen Weg verliert, gewinnt an Erfahrung.

Weitsicht vergisst oft den Augenblick.

Die **Welt** - phlegmatisch bis zum Umkippen - ist das Laboratorium menschlichen Irrsinns.

Je mehr Mode, Sport und Hollywood die Nachrichten bestimmen, desto mehr kann man sicher sein, dass sich im Hintergrund wichtige Dinge ereignen, die das **Weltgeschehen** bestimmen, aber nicht für die Öffentlichkeit bestimmt sind.

Bei entsprechender technischer Ausstattung reicht einer **Weltmacht** schon ein Potemkinsches Dorf, um die Welt glauben zu machen, man sei auf dem Mond gelandet.

Eine **Wertegemeinschaft**, die nur aufgrund von fortgesetzten Rechtsbrüchen ihren Fortbestand sichert, hat ihre Werte bereits beerdigt und wird mit Sicherheit zerbrechen.

Im viel berufenen Schoß, in den zuweilen etwas fällt, ist nur wenig Platz für eine angemessene **Wertschätzung**.

Manchmal offenbart ein Versprecher, dass Politiker sich von ihren Versprechen etwas **wesentlich** anderes versprechen als ihre Adressaten.

Wer sich als Erbsenzähler betätigt, hat sich verrechnet, wenn er glaubt, dass sich das **Wesentliche** auf Hülsenfrüchte beschränkt.

Um in einer Welt voller Blender und allgemeiner Täuschung das **Wesentliche** zu erkennen, muss man nur die Augen schließen und der Stimme der Intuition lauschen.

Das **Wesentliche** an einer Zeitung ist heutzutage das, über das sie geflissentlich hinwegberichtet.

Im Sinne einer gewünschten Ablenkung vom **Wesentlichen** ist die Marginalität einer Nachricht heutzutage ein Qualifikationskriterium für die zentrale mediale Platzierung.

Die Zurückhaltenden und Bescheidenen hinterlassen ein freies Feld, auf dem sich gerne die **Wichtigtuer** und Unbescheidenen tummeln.

Wenn die **Wirklichkeit** surreal daherkommt, dann laufen Erfahrungen, Gewohnheiten und Vorurteile ins Leere.

Wir schaffen es nicht die **Wirklichkeit** direkt zu schauen, aber wir sollten uns dessen bewusst werden, dass wir sie mit den uns eigenen Paradigmen ständig erschaffen.

Realität mit oder ohne Filter? Diese Wahl haben wir nicht. Die **Wirklichkeit** ist immer ein Konstrukt unserer Sinne.

Mit dem **Wissen**, dass die Sonne bald untergeht, sollte man nicht erschrecken, wenn es schließlich dunkel wird.

Dass Glaube Wissen schafft, ist trivial, denn **Wissenschaft** ist ohne Glaubenssätze nicht denkbar.

Wer den Kopf in den Sand steckt, kann seine Offenbarung auch nicht in der **Wüste** finden.

Zaudern kann durchaus eine gute Entscheidung sein, wenn man am Abgrund steht.

Hoffnung wartet auf **Zeichen** und neigt zur Interpretation.

Zeit ist geduldig und so kommen alte Hüte immer wieder dann in Mode, wenn genug Gras über sie gewachsen ist.

Wer immer nur mit der **Zeit** gehen will, läuft Gefahr, sich selbst auch dann noch nicht gefunden zu haben, wenn seine Zeit abgelaufen ist.

Zeitraffer: jemand, der sich **Zeit** nimmt, wann und wo immer er sie bekommen kann, vom Volksmund auch Lahmarsch genannt.

Als Rentner hat man im Allgemeinen **Zeit**, darüber zu grübeln, warum Zeit so wenig Geld ist.

Zeit: Variable Wahrnehmungsschablone.

Es gibt für alles "einen" richtigen **Zeitpunkt**, der Rest ist suboptimal.

Zeitgeist heute: Der Geist hat sich bei Zeiten ausgeladen.

Zensur kommt heute als political correctness daher. Das Ergebnis ist das gleiche: mentale Obstipation.

Banal ist die Erkenntnis, dass die **Zentralbanken** die Welt langsam aber sicher in die völlige Unfreiheit und den Untergang treiben, traurig ist die Einsicht, dass die Getriebenen bereitwillig folgen.

Wenn Du ein **Ziel** anstrebst, musst Du Dir über den Weg gar nicht so viele Gedanken machen. Das Ziel findet den Weg.

Zufall? Auch wenn es auf den ersten Blick keine kausale Erklärung für ein Ereignis zu geben scheint, alles ist im Sinne der Resonanz miteinander verwoben. Zufall ist das, was das Resonanzgesetz uns zufallen lässt.

Ein dummer **Zufall** hat schon so manchen Schlaukopf zu Fall gebracht.

Ein dummer **Zufall** macht manchmal die intelligenteste Planung überflüssig.

Die geistig-materielle Welt lässt jeder gesetzten Ursache eine passende Antwort **zufallen**, manchmal sehr überraschend.

Gegenwart ist, was die Vergangenheit aus ihrer **Zukunft** gemacht hat.

Nach ihrer Ankunft in der Gegenwart sucht die **Zukunft** Unterkunft in der Vergangenheit.

Die Mode der jeweiligen Gegenwart zeigt immer wieder eindrucksvoll, dass Vergangenheit **Zukunft** hat.

Die weise **Zurückhaltung** des Universalgenies: Für alles zu gebrauchen und für nichts zu haben.

Weise **Zurückhaltung** führt oft weiter als bedingungslose Offenheit.

Wer nicht gelernt hat, sich selbst **zuzuhören**, muss sich nicht wundern, wenn ihn das Leben mitunter gehörig lehrt, dass er eine falsche Abzweigung genommen hat.

Bedingungslose **Zwangsglobalisierung**: bodenlos unanständig statt anstandslos bodenständig.